LE BOUQUET

DE HENRI IV,

COMÉDIE EN UN ACTE,

MÊLÉE DE COUPLETS,

PAR M. REVEL,

Représentée, pour la première fois, à Paris, sur le Théâtre
des Variétés; le 24 Août 1818.

PRIX : 1 FR. 25 CENT.

A PARIS,

CHEZ M.... HUET-MASSON, LIBRAIRE,

RUE DE ROHAN, N°. 21,

AU COIN DE CELLE DE RIVOLI.

1818.

PERSONNAGES. ACTEURS.

HENRI IV.. . . . . MM. *Lepeintre.*
SULLY. . . . . *Bignon.*
SAINT-LÉON , Officier de la Ligue.. . *Cazot.*
BATAILLE, vieil Invalide. . . . . *Bosquier.*
BASTIEN , son Neveu. . . . . . *Arnal.*
LUCAS , Paysan niais. . . . . . . *Brunet.*
GABRIELLE. . . . . Mmes. *Cuisot.*
LUCETTE. . . . . *Aldégonde.*
UNE PAYSANNE. . . . . *Louise.*

LE BOUQUET
DE HENRI IV.

Le théâtre représente une campagne ; à la droite de l'acteur est la chaumière de Lucette, à gauche une maison de riche apparence appartenant à Gabrielle. Au fond l'on voit une guérite.

SCENE PREMIERE.

LUCAS *seul, en faction.*

Qui vive ?... Qui vive ?.... Hein.... Ah ! ça... répondez-vous, je vous demande qui vive ?... Ah ! c'est le vent... il peut passer celui-là... Mon Dieu ! mon Dieu ! comme c'est désagréable d'être né homme... en temps de guerre surtout... Crac un fusil sur l'épaule.... Ah ! si j'étais femme... je serais maintenant bien tranquillement occupé à dormir... Si j'étais femme, je ne serais pas amoureux de cette cruelle Lucette, qui se moque de moi... Voici ses fenêtres... Il faut que ce soit moi qui la garde, encore.... qui veille sur elle.

AIR :

> Près d'elle j'ai perdu mes pas,
> Car l'ingrate, sans retenue,
> Rit d'un amour qu'ell' n'éprouv' pas ;
> Pour moi, je vois qu'elle est perdue.
> J'en perdrai la têt', c'en est fait,
> Si cet amour-là continue ;
> J'vis d'ell', pour me perdr' tout à fait,
> On m'met en sentinell' perdue.

Si près d'une femme... qu'on aime... la nuit comme ça... ça vous fait venir des idées.... de ces idées.... brrr.... qu'il fait froid !...

SCENE II.

LUCAS , *en faction* , BASTIEN.

BASTIEN , *sans voir Lucas.*

Ce sont bien là ses fenêtres...

LUCAS, *sans voir Bastien.*

Oh ! mon Dieu, oui, c'est bien là qu'elle demeure...

BASTIEN.

C'est à peu près l'heure qu'elle m'a indiquée.

LUCAS.

V'là deux heures que je croque le marmot.

BASTIEN.

C'est l'amour qui m'attire.

LUCAS.

C'est le capitaine qui m'a mis là.

BASTIEN.

Charmante Lucette !... Oh ! elle m'aime , j'en suis sûr.

LUCAS,

Adorable Lucette!... Oh ! elle ne m'aime pas... Il n'y a pas à
en douter... Ça n'est pas étonnant si all' me tourne la tête....
c'est si sage! ..

BASTIEN , *appelant bas.*

Lucette...

LUCAS.

Ça n'a jamais donné de rendez-vous.....

BASTIEN.

Je suis là. (*Il frappe*).

LUCAS.

C'est sourd aux propos des galans.

SCENE III.

LES MÊMES , LUCETTE, *à sa fenêtre.*

LUCETTE.

Je vous ai bien entendu.

LUCAS.

Air : *de la Walse du Pauvre Diable.*

Pas l'moindre bruit ne frappe mon oreille.

BASTIEN , *à Lucette.*

Venez , venez auprès de votre amant.

LUCETTE.

J'vous attendais , car pour l'amour je veille.

(*Elle descend*).

LUCAS.

Je gagerais qu'elle dort maintenant.

BASTIEN.

Heureux Bastien, ton bonheur est extrême ;
Sa porte s'ouvre , ô fortuné moment !
M'aimez vous bien ?

LUCETTE.

Hélas ! oui , je vous aime.

LUCAS.

Ça n'a jamais aimé que sa maman.

Pas le moindre bruit , ne frappe mon oreille,
Ell' n'écout'ra jamais aucun amant ;
Tandis qu'ici dans ma guerit' je veille ,
Je gagerais qu'elle dort maintenant.

LUCETTE.

Parlons bas... Lucas qui est en faction.

LUCAS.

C'est un mauvais poste qu'on m'a donné là...

BASTIEN.

Je puis donc enfin vous voir sans témoins...

LUCAS.

J'vous demande un peu à quoi je sers là,...

LUCETTE.

Je ne sais si je dois vous écouter...

LUCAS.

Je n'y serais pas , que ça irait tout d'même.

LUCETTE.

Les amans sont si trompeurs !...

LUCAS.

C'est vrai au moins.

LUCETTE.

Je crains qu'ma mère ne s'éveille, il faut nous quitter.

BASTIEN.

Nous quitter !

LUCETTE.

D'ailleurs, voici le jour qui va paraître, vous savez que c'est aujourd'hui la fête du Roi.

BASTIEN.

Je ne l'ai pas oublié, et.... mais, chut, il ne faut pas lui dire....

LUCETTE.

Comment... de la discrétion ?

BASTIEN.

Ce n'est rien...

LUCETTE.

Rien,.. Oh ! si vous avez quelque projet, dites-le-moi, Monsieur.

BASTIEN.

Je ne le puis...,.

LUCETTE.

Vous ne le pouvez pas ?... C'est bien, Monsieur, je vois ce que c'est... C'est affreux.

BASTIEN.

AIR : *Tenez, moi je suis un bon homme.*

Ma chère Lucette, de grâce.

LUCETTE.

Vous avez pour moi des secrets.

BASTIEN.

Vous feriez de même à ma place,

LUCETTE.

Monsieur, ne me parlez jamais,

BASTIEN.

Vraiment ma douleur est extrême,

LUCETTE.

Eh bien ! dit'-moi tout, dans ce cas,

BASTIEN.

La discrétion est ce que j'aime.

LUCETTE.

J'vois bien que vous ne m'aimez pas.

BASTIEN.

Eh bien! écoutez, je vais tout vous dire.

LUCETTE.

V'là ce qui s'appel' parler.

BASTIEN.

Sachez donc que mon oncle Bataille..... Ah! mon Dieu,
je l'entends...

LUCETTE.

Oh! qu'c'est désagréable, je ne saurai rien..... Vous me le
direz une autre fois.

BASTIEN.

Je vous le promets.   (*Elle rentre chez elle.*)

SCÈNE IV.

BATAILLE, BASTIEN, LUCAS, *endormi.*

BATAILLE.

Air : *J'ons un Curé patriote.*

De notre Roi c'est la fête ;
Mes amis, dans ce moment,
Que chacun de nous s'apprête
A le fêter dignement.
Oui, de Henri tous les vœux
Sont pour rend' son peuple heureux.
 Viv' le Roi!
 Viv' le Roi!
Viv' le Roi! ma femme et moi!

Quand donc finira c'te guerre
Qu'on fait au meilleur des Rois ;
Personne n'a plus l'droit, j'espère,
Que lui d'nous dicter des lois.
Plus de discord' désormais,
Que la France vive en paix.
 Viv' le Roi !
 Viv' le Roi !
Viv' le Roi! la France et moi !
Viv' le Roi! la France et moi !

Ah! ça, sommes-nous tous prêts?

BASTIEN.

Oui, mon oncle; depuis ce matin ils sont sous les armes. Ah! c'est une bien bonne idée que vous avez eue là...

BATAILLE.

On se rappelle encore ses anciennes habitudes... Eh! me suis je dit... Qu'irons-nous offrir au Roi pour sa fête?... Des bouquets?... Non... Il y a près d'ici un petit fort occupé par des ligueurs. Débusquons-les...... Emparons-nous de leurs drapeaux et venons les apporter à Henri IV... Des bouquets, ça se fane... Des drapeaux, ça se conserve.

BASTIEN.

Bien pensé.

BATAILLE.

Ah! ça, mais... Que fais-tu de si bonne heure à cette place?

BASTIEN.

Moi, mon oncle?

BATAILLE.

Oui, toi...

BASTIEN.

Je combinais mon plan d'attaque.

BATAILLE.

Ah! ah! et comment t'y prenais-tu dans tes combinaisons?

BASTIEN.

Mais, j'attaquais ouvertement la forteresse.

BATAILLE.

Oui...

BASTIEN.

Et la forteresse se rendait quand vous êtes arrivé..,

BATAILLE.

Diable... J'ai fait tort à la postérité..., Eh! fripon..... dis plutôt que la petite Lucette est gentille,

BASTIEN.

Mais, mon oncle,

BATAILLE.

Eh! crois-tu que je blâme... Eh! n'ai je pas été comme toi quand j'avais un bras et une jambe de plus.... Ah! j'étais un gaillard... Nous étions tous comme ça dans le régiment, et c'est comme cela qu'un soldat doit être. A propos de soldat,, je

ne vois pas Lucas que j'avais mis en sentinelle. Lucas,
Lucas...

LUCAS, *rêvant.*

Passez de l'autre côté.

BATAILLE.

Il est endormi, je crois... Lucas.

LUCAS.

Avances à l'ordre...

BATAILLE, *le secouant.*

Te reveilleras-tu ?

LUCAS.

Venez reconnaître patrouille. Ah ! c'est vous, M. Bataille ?

BATAILLE.

C'est comme cela que tu laisses ton poste ?

LUCAS.

Mon poste... J'y suis, j'espère.

BATAILLE.

Mauvais soldat !

LUCAS.

Tiens, ça vous est bien aisé à dire, mauvais soldat!

BATAILLE.

S'endormir dans sa guérite !

LUCAS.

Je l'ai fait par zèle...

BATAILLE.

Par zèle?

LUCAS.

Sans doute.

Air *de Pégase.*

A chaque personn' qui m'accoste,
Qu'voulez-vous, c'est plus fort que moi,
Je suis prêt à quitter mon poste,
Tant je r'sens de frayeur et d'effroi.
Or, comm' un post', la chose est claire,
Doit être gardé par les soldats,
Je m'suis dit en bon militaire :
Dormons, je n'l'quitt'rai pas.

LUCAS.

Lâche !

LUCAS.

Lâché... lâche... Il est joli celui-là ; c'est votre manière de voir à vous, ce n'est pas la mienne...

BATAILLE

Eh ! mais j'entends Madame Gabrielle, cette bonne dame qui fait tant de bien à tout le village... Lucas, vas rejoindre nos camarades.

LUCAS.

Je ne demande pas mieux, allez.　　　　　(*Il sort.*)

BASTIEN.

Mon oncle, si vous parliez à Madame Gabrielle, de mon amour pour Lucette... Vous savez que c'est elle qui s'est chargée de la marier.

BATAILLE.

Oui. Eh bien ! sois tranquille, j'en fais mon affaire...

SCENE V.

GABRIELLE, BATAILLE, BASTIEN.

BATAILLE.

Madame, mon neveu et moi nous vous présentons ben nos hommages.

GABRIELLE.

Bonjour, M. Bataille.

BATAILLE.

Ah ! Madame, c'est aujourd'hui la fête de Henri.... C'est un grand jour pour tous les Français.

GABRIELLE.

Pour tous les Français !

BATAILLE.

Oui, Madame, pour tous les Français...

GABRIELLE.

Puissiez-vous dire vrai !

BATAILLE.

Eh ! sans doute... Faut-il faire exception pour quelques ligueurs qui ne sont pas encore revenus de leur erreur...

GABRIELLE.

Que voulez-vous ?... Ils sont aveugles.

BATAILLE.

AIR : *Il me faudra quitter l'Empire.*

Ils sont bien aveugles, sans doute,
Puisqu'ils ne voient pas chaque cœur
Voler en foule sur la route
Du Roi qui veut notre bonheur ;
Mais s'ils sont privés d'la lumière,
l'n'sont pas sourds, et d'vraient, ma foi,
Entendre dans la France entière
Ce cri d'amour : *Vive le Roi !*

(*Même air.*)

Je n'm'étonn' pas que partout on chérisse
Ce Monarque , ami de la paix
Car Henri quatr' rend la justice
Aux plus obscurs de ses sujets.
Si le Français donne plus d'une marque
De dévoûment à notre Roi,
C'est qu'un sujet obéit au Monarque
Quand le Monarque obéit à la loi.

BASTIEN.

Mon oncle...

BATAILLE.

Hein ?

BASTIEN.

Et ce que vous m'aviez promis ?...

BATAILLE.

Ah ! c'est juste... mais quand je parle de Henri.... je ne peux jamais me taire, j'en ai tant à dire.

BASTIEN.

Parlez donc de mon mariage.

BATAILLE.

Oui, oui... Attends que je lui tourne cela d'une jolie manière...

GABRIELLE.

Vous aviez quelque chose à me dire, M. Bataille ?

BATAILLE.

Oui, Madame... C'était au sujet de mon neveu... Parce que, comme dit notre bon Roi, il faut faire des heureux..... Bastien que voilà a bien envie de l'être... On est au monde pour cela... Et vous qui aimez le Roi... vous devez aimer à faire des heureux. Tout cela est pour vous dire que mon neveu adore cette petite Lucette de qui vous prenez soin et

qui, de son côté, ne hait pas mon neveu qui est joli garçon ;
c'est tout mon portrait, à un bras et une jambe près.

GABRIELLE.

Mais il me semble que Lucette est trop jeune.

BASTIEN.

Ah ! Madame, quel joli défaut !...

BATAILLE.

Il y a bien des gens qui prennent cela pour une qualité ;
d'ailleurs, Madame,

AIR *de Julie* ou *le Pot de fleurs.*

Fillette jolie à cet âge
Est l'imag' d'un bouton charmant
Que du zéphir le souffle trop volage
Effleure et caresse souvent.
On doit veiller avec soin et pour cause :
Si l'zéphir devient trop pressant,
L'hymen alors, de crainte d'accident,
Du bouton doit faire une rose.

GABRIELLE.

Nous reparlerons de cela.

BATAILLE.

Ah ! Madame, que de bontés.... Tu vois, ton affaire est
en bon chemin.

BASTIEN.

Je ne vois pas trop, la réponse de Madame Gabrielle....

BATAILLE.

Est positive, mon ami, très-positive.... Madame, nous
avons bien l'honneur de vous saluer.... Nous allons chercher
nos bouquets, vous nous en direz des nouvelles.

AIR : *Je regardais Magdelinette.*

Tous deux, Madam', d'un pas agile,
Pour fêter le Roi, nous courons ;
On n'lui donn'ra pas, à la ville,
Des bouquets comm' nous en aurons.

GABRIELLE.

On ne voit donc pas à la ronde
Ces bouquets pour chacun fleurir ?

BATAILLE.

Si fait, ils poussent pour tout le monde,
Mais il faut savoir les cueillir.

BATAILLE *et* BASTIEN.

Tous deux, Madam', d'un pas agile,
Pour fêter le Roi nous courons ;
On n'lui donn'ra pas, à la ville,
Des bouquets comm' nous en aurons.

GABRIELLE.

Courez et redoublez de zèle,
Ici tout vous en fait la loi,
Et songez qu'un sujet fidèle
Ne saurait trop aimer son Roi.

SCENE VI.

GABRIELLE, *seule.*

Braves gens ! comme ils chérissent leur Roi.... Eh ! pourquoi ne l'aimerais-je pas comme eux ?

Air : *Vos Maris en Palestine.*

Sachant aimer et combattre,
Obtenant plus d'un succès,
Le bon et brave Henri Quatre
Est chéri par les Français.
Faut-il que mon cœur se taise ?
Je me soumets à la loi,
Et puisque je suis Française,
Ah ! je dois aimer le Roi.

DEUXIÈME COUPLET.

Lorsqu'après mainte victoire
Henri voulut me charmer,
Il était couvert de gloire ;
Pouvais-je ne pas l'aimer ?
Il est juste qu'il me plaise ;
Quand je lui donnai ma foi,
Je me dis : Je suis Française
Et je dois aimer le Roi.

J'aperçois Saint-Léon, cet officier de la Ligue, à qui mes conseils ont enfin ouvert les yeux, et qui va prendre du service sous les drapeaux de Henri IV.

SCENE VII.

GABRIELLE, SAINT-LÉON.

SAINT-LÉON.

Salut à la plus jolie.

GABRIELLE.

Eh bien! chevalier, persistez-vous toujours dans la noble
résolution que je vous ai fait prendre.

SAINT-LÉON.

Eh! qui pourrait vous résister? vous séduiriez Mayenne
lui-même. Vos conseils sont donnés avec tant de grâce, il
y a tant de charmes dans ce que vous dites, que sans exa-
miner la justice des deux causes, on ne suit que l'impulsion
que vous donnez; mais prenez-y garde, mon exemple pourra
séduire bien des gens, et.....

AIR :

Lorsque votre bouche jolie
Cherche à donner une leçon,
On croit voir l'aimable folie
Prenant le ton de la raison.
Lorsque vous démasquez l'intrigue,
Vos traits charmans ont l'air si doux,
Que l'on prendra le parti de la ligue
Pour être converti par vous.

GABRIELLE.

L'êtes-vous réellement, converti?

SAINT-LÉON.

Ah! je m'avoue vaincu.... vous êtes bien l'ennemi le plus
dangereux..... C'est qu'on ne peut employer contre vous les
armes avec lesquelles vous nous subjuguez.

GABRIELLE.

Je me féliciterai long-temps d'avoir enlevé au parti de la
Ligue un chevalier aussi galant.

SAINT-LÉON.

Eh! mon Dieu, allez passer un jour au camp de Mayenne;
faites de Henri l'éloge que vous m'en avez fait, avec les
mêmes termes, la même grâce, et je vous réponds qu'il n'y
aura plus deux partis en France.

GABRIELLE.

Voià de l'exagération.

SAINT-LÉON.

Faites-en l'essai.

GABRIELLE.

La cause que je défends est si légitime !

SAINT-LÉON.

Vos paroles sont si douces !

GABRIELLE.

Les droits de Henri sont si justes !

SAINT-LÉON.

Vos yeux sont si jolis !

GABRIELLE.

AIR : *Restez, restez, troupe jolie.*

Désiré par la France entière,
Vous reverrez ce Roi chéri
Rendre à la France un sort prospère,
Voilà tous les vœux de Henri.
A ses sujets puisqu'en bon père
Il vient apporter le bonheur,
Français, grave sur ta bannière :
Tout pour le Roi ! tout pour l'honneur !

SAINT-LÉON.

(*Même Air.*)

Je me rends, belle Gabrielle,
Et comme vous j'aime le Roi ;
A ses drapeaux serai fidèle,
Tout m'en fait une douce loi.
Désormais puisqu'un sort prospère
Par lui nous promet le bonheur,
Je veux graver sur ma bannière :
Tout pour le Roi ! tout pour l'honneur !

Oui, telle sera désormais ma devise, et je n'en aurai
jamais d'autre, j'en fais le serment.

GABRIELLE.

Ah ! croyez bien, St.-Léon, que si vous aviez connu
Henri, je n'aurais pas eu besoin de plaider sa cause pour
vous la faire embrasser.

SAINT-LÉON.

J'en suis persuadé.... ah! j'avais déjà commencé à revenir
de mon erreur, le jour de la bataille d'Arques, où nous
cherchâmes, mais en vain, à lui disputer la victoire....

AIR : *A soixante ans on ne doit pas remettre.*

En aucun temps la gloire ne le quitte,
Il suit toujours le chemin de l'honneur ;
Aussi mit-il ses ennemis en fuite,
Et ses soldats, pleins de zèle et d'ardeur,
De tous côtés poursuivaient le ligueur ;
Mais ce bon père, arrêtant leur audace,
   Criait, oubliant ses succès :
Pour les vaincus je vous demande grâce,
Epargnez-les ! ce sont tous des Français !

GABRIELLE.

Je le reconnais bien à ce trait.

SAINT-LÉON.

Je vais au camp, je verrai le Roi ; je lui offrirai mes
services, et je me rappellerai vos aimables préceptes.

GABRIELLE.

AIR *de l'Enfant et le Grenadier.*

A vos sermens soyez fidèle ,
Ici tout vous en fait la loi ;
Ah ! vous devez aimer le Roi,
Puisque vous aimez Gabrielle.

SAINT-LÉON.

Bannissez vos vives alarmes ;
Que craignez-vous en ce moment ?
Puisque j'en jure par vos charmes,
Trahirai-je un si doux serment !

GABRIELLE.

A vos sermens soyez fidèle ,
Ici tout vous en fait la loi , etc.

ENSEMBLE.

SAINT-LÉON.

A mes sermens serai fidèle ,
Tout m'en fait une douce loi ;
Oui , j'aimerai toujours le Roi ,
Je le promets à Gabrielle.

(*Gabrielle rentre chez elle.*)

SCENE

SCÈNE VIII.

SAINT-LÉON, HENRI IV., *au fond du théâtre.*

SAINT-LÉON.

Oui, mon parti est pris.... je lui dirai : mon Roi, comme tant d'autres je fus égaré, la ligue m'a vu défendre ses droits.... J'ai reconnu mes torts, j'en rougis, et je suis prêt à sacrifier ma vie pour vous ; je vous offre mon bras.....

HENRI IV, *lui prenant la main.*

Et j'accepte !

SAINT-LÉON.

Que vois-je ? Henri IV ! (*Il veut se jeter à ses genoux.*)

HENRI, *le retenant.*

Que faites-vous ?.... Est-ce aux genoux de leur Roi que les soutiens du trône se présentent....

SAINT-LÉON.

Ai-je mérité ce titre ?...

HENRI.

Et sans doute, un brave est toujours brave.... un moment d'erreur vous a fait servir la ligue : je compte autant sur vous que si vous m'aviez toujours défendu.

SAINT-LÉON.

Ah! Sire, vous avez raison de compter sur moi.... je vous suis dévoué à la vie à la mort ; cet accueil généreux pour un homme qui porta les armes contre vous....

HENRI.

Eh! ventre saint-gris.... j'arrive. Bien des gens me connaissaient à peine : puis-je leur en vouloir parce qu'ils ne m'aiment pas ? non.... Je les fais revenir à moi.... les uns après les autres.... Il y en a que j'aurai de la peine à ramener. Ils sont encore fâchés.... ils le seront long temps..... Oh! mais je leur ferai tant de bien, tant de bien, que je les forcerai de m'aimer !

SAINT-LÉON.

Ah! que tous ceux qui ont partagé mon erreur ne sont-ils à même de vous entendre, vous n'auriez plus d'ennemis à combattre.

B

HENRI.

Ventre saint-gris, cela ferait bien mon affaire.... mais cet espoir ne m'est pas permis.... tant que l'Espagnol soufflera la discorde dans mes rangs ; mais....

AIR : *Fille à qui l'on dit un secret.*

Son feu terrible s'éteindra,
Sinon, pour nous plus d'espérance ;
Et l'Etranger profitera
Des dissentions de la France.
Soyons d'accord, nos foyers, mes amis,
Seront toujours inaccessibles ;
Divisés, nous serons soumis ;
Unis, nous serons invincibles.

La force des Etats dépend de l'union des sujets..... Il est temps que nous nous entendions.... que nous n'ayons qu'une pensée.... que nous ne formions qu'une famille.... O France chérie, seras-tu toujours en proie aux discordes !

SAINT-LÉON.

Non, Sire, croyez-en l'assurance que je vous donne, tous les Français finiront par se rallier sous le drapeau blanc, qui fut toujours l'étendart de la Victoire.

HENRI.

Bien, mon brave.

SAINT-LÉON.

Je serai trop heureux si vous daignez me pardonner des torts....

HENRI, *lui prenant la main.*

Je ne vois en vous maintenant qu'un sujet fidèle, j'oublie s'il fut coupable. Couvrons le passé d'un voile impénétrable. Bien des plaies saignent encore ; faisons-en des cicatrices, et ne les r'ouvrons jamais.

SAINT-LÉON.

O le meilleur des rois !

HENRI.

Tenez, St.-Léon, portez cet écrit à mon cher Sully, et prenez dans nos rangs une place qui sera bien remplie.

SAINT-LÉON.

Une place que j'aurais dû toujours avoir ; mais que maintenant je ne quitterai jamais.

(*Il sort.*)

SCENE IX.

HENRI IV, *seul.*

Puissent-ils tous revenir à des sentimens aussi généreux!
Oui, j'ai la douce espérance qu'ils ouvriront enfin les yeux,
qu'ils verront que le bonheur que je leur apporte, ne con-
siste point dans de vaines promesses..... J'entends du bruit,
une porte s'ouvre; une jeune paysanne en sort... En ma
qualité d'observateur, examinons.... Ventre saint-gris, elle
est gentille.....

SCÈNE X.

HENRI, *derrière un arbre;* **LUCETTE,** *un panier de
fleurs sous le bras.*

LUCETTE.

J'crois qu'il est l'heure d'aller chez Madame Gabrielle.

HENRI.

Ah! ah! elle va chez Gabrielle.

(*Elle frappe.*)

GABRIELLE.

Ah! c'est toi, ma petite Lucette....

LUCETTE.

Oui, Madame, je v'nous comm' de coutume vous apporter des fleurs de notre jardin....

GABRIELLE.

Grand merci, ma bonne amie.... mais aujourd'hui, il
me faudrait d'autres fleurs que celle-là....

LUCETTE.

Comment donc ça?

GABRIELLE.

AIR : *C'est à mon maître en l'art de plaire.*

En ce jour, je veux mon amie,
Feter quelqu'un que je chéris,
Ah! fais en sorte, je t'en prie,
De m'avoir un bouquet de lys.

B 2

LUCETTE.

Tiens, pour qui donc ?

GABRIELLE.

Puis je veux faire une couronne
De lauriers.

LUCETTE.

Je m'y perds , sur ma foi.
Dans not' villag' je n'vois personne....
J'vois qu'vous voulez fêter le Roi.

HENRI.

Ah ! c'est ma fête ?

LUCETTE.

Plait-il , Madame ?

GABRIELLE.

Je n'ai rien dit.

LUCETTE.

J'croyais qu'vous me parliez.

GABRIELLE.

Qu'as tu donc ce matin ?.... tu as l'air triste..... Est-ce
l'amour ?

LUCETTE.

L'amour !.....

GABRIELLE.

On m'a parlé d'un certain Bastien....

LUCETTE.

Bastien !.... Oh ! je ne sais pas , Madame.....

Air : *Du Partage de la Richesse.*

Le matin , lorsque je m'éveille ,
Je pense à Bastien quelquefois ;
Souvent la nuit quand je sommeille ,
C'est Bastien qu'en rêve je vois.
Dans la journée aussi , Madame ,
A chaque instant j'y pense ; mais
Outre ça , j'vous jure sur' mon âme ,
Que je n'y pense presque jamais.

HENRI.

Eh bien ! c'est raisonnable....

LUCETTE.

Madame , si vous voulez , j'allons vous chanter c'te chan-

son que vous m'avez fait apprendre , et que vous me faites
chanter tous les jours.... Elle est bien jolie c'te chanson-là...
J'voudrais bien qu'on m'en fasse autant... *Charmante Ga-*
brielle.... C'est-i galant....

HENRI.

Ah ! c'est ma chanson....

LUCETTE.

Y êtes-vous , Madame....

GABRIELLE.

Je t'écoute.

LUCETTE.

V'là que je commence.

AIR *connu.*

Charmante Gabrielle ,
Percé de mille dards ,
Quand la gloire m'appelle
Sous les drapeaux de Mars.

HENRI , *derrière le bosquet.*

Cruelle départie
Malheureux jour ,
Que ne suis-je sans vie,
Ou sans amour.

GABRIELLE.

C'est Henri.

LUCETTE.

I' la sait toute entière.... Eh bien ! puisque la v'là chantée,
vous n'avez plus besoin de moi....

GABRIELLE.

Non , tu peux t'en aller...

LUCETTE.

J'm'en vas trouver Bastien.   (*Elle sort*).

SCENE XI.

GABRIELLE , HENRI.

HENRI.

Chère Gabrielle !...

GABRIELLE.

C'est vous, Sire.... Comme vous surprenez les gens...

HENRI

J'entends.... vous n'avez pas eu le temps de faire votre
bouquet... mais soyez tranquille , j'en ai déjà reçu un bien
précieux aujourd'hui ...

GABRIELLE.

Comment ?

HENRI.

Un sujet fidèle de plus que je viens de m'attacher.

GABRIELLE.

Saint-Léon ...

HENRI.

Vous le connaissez.

GABRIELLE.

Ah !... Je ne suis plus inquiète , je vous ai donné mon
bouquet...

HENRI.

Serait-ce à vous que je devrais,..?

GABRIELLE.

Mais je me flatte de n'avoir pas peu contribué à son re-
tour.

HENRI.

En ce cas , je vous en fais mes remercîmens.... C'est un
brave officier...

GABRIELLE.

Sire , quel beau jour pour la France que celui-ci !

HENRI.

Ah ! le véritable jour de ma fête sera celui où tous les
Français seront heureux.

GABRIELLE.

Ce jour ne tardera pas ; et vos victoires,...

HENRI.

Ventre saint-gris, ne me félicitez pas de mes victoires... Ce
n'est pas la guerre qui peut faire le bonheur de mon peuple.

AIR *de Turenne*,

Je voudrais que la paix chérie,
Vint mettre fin à nos combats ;
Que dans le sein de leur patrie ,
On vit rentrer tous nos braves soldats,

Quand malgré moi je les expose ,
Chaque succès me coûte des guerriers ;
Puis-je être fier de cueillir des lauriers,
Quand le sang français les arrose.

GABRIELLE.

La guerre est quelquefois nécessaire.

HENRI.

Oui ; mais vous connaissez ma maxime... Il faut que tout le monde vive....

AIR : *Un homme pour faire un tableau.*

Oui je voudrais que le soldat ,
Qui long-temps exposa sa vie ,
Fut paisible , et qu'il labourât
Le sol de sa chère patrie.
Nous avons assez de lauriers ,
J'aime bien mieux une moisson active ,
Et de bons épis nouriciers ,
Il faut que tout le monde vive.

GABRIELLE.

Vous avez bien raison.

HENRI.

Vous pensez comme moi , n'est-ce pas ?

Même Air.

Je m'aperçois depuis long-temps
Que certain duc de Bellegarde ,
Est au nombre de vos amans ,
Qu'en soupirant il vous regarde ;
Il mourra , le fait est constant ,
Tant hélas ! son ardeur est vive ;
Mais vous direz très-sagement ,
Il faut que tout le monde vive.

GABRIELLE , *avec douceur.*

Encore des soupçons.

HENRI , *vivement.*

Ah ! pardonnez-les moi... Ils s'éloignent de mon cœur aussi facilement qu'ils y viennent.... Rentrez , belle Gabrielle , je vais parcourir ce village , et je vous rejoins dans peu.

(*Gabrielle entre chez elle*).

SCENE XII.

HENRI, *seul.*

Voici la femme que des courtisans envieux me blâment
d'aimer !.... Mais qu'entends-je ?

SCENE XIII.

HENRI, BASTIEN, BATAILLE, *à la tête des paysans,*
ils sont tous armés.

CHŒUR.

AIR *du branle sans fin.*

Allons, marchons mes amis,
En silence
Qu'on s'avance,
Montrons tous de la vaillance,
Pour servir notre pays.

BATAILLE.

Du courage, car bientôt,
Amis, nous allons nous battre,
Viv' Dieu, mourons s'il le faut,
C'est pour fêter Henri quatre.

HENRI.

Comment ?.... Pour me fêter...

CHŒUR.

Allons, marchons, mes amis,
En silence
Qu'on s'avance,
Montrons tous de la vaillance,
Pour servir notre pays.

BATAILLE.

Pas accéléré,.... En avant, marche.

HENRI.

Pardon, Monsieur....

BATAILLE.

Ah ! pour le moment...

HENRI.

Je voudrais vous dire deux mots...

BATAILLE.

Allons, halte forcée... voyons, Monsieur, dépêchons.

HENRI.

Je désirerais savoir où vous allez....

BATAILLE.

Vous êtes bien curieux.

HENRI.

Ce n'est point curiosité... c'est de l'intérêt.

BATAILLE.

Oui... Eh bien! nous allons chercher des bouquets....

HENRI.

Comment ? armés ainsi...

BATAILLE.

Ah! c'est que ce sont des bouquets qu'on ne peut avoir que comme cela...

HENRI.

Vous m'étonnez...

BATAILLE.

Apprenez donc que nous voulons fêter le Roi en soldats Français ; nous allons chercher des drapeaux ennemis... Ce fort que vous voyez tout près d'ici nous en fournira...

HENRI.

Est-il possible ?

BATAILLE.

Qu'est-ce qu'il y a d'étonnant à ça.

HENRI.

Ah! rien ne m'étonne de la part des Français... Mais vous, mon brave, vous allez aussi....

BATAILLE.

Et pourquoi pas ; est-ce parce que j'ai un bras et une jambe de moins...

AIR *de la Sentinelle.*

Pour mon pays, que j'aime avec ardeur.
Pendant vingt ans j'ai sacrifié ma vie ;
Et ces blessur' j'les porte avec honneur,
Car j'dois mon sang à ma chère patrie,

Grâce au destin, jusqu'au trépas
Je puis encore le répandre ;
Qu'Henri quat' m'appelle aux combats,
J'm'reste un'jamb' pour suivr' ses pas,
J'm'reste un bras pour le défendre.

Mais ne me retenez pas plus long-temps, vous voyez que
ma troupe est impatiente.

HENRI.

Ah! parbleu, je suis des vôtres...

BATAILLE.

Comment, vous voudriez .

HENRI.

Partager vos périls, ventre saint-gris.

BATAILLE.

Eh bien! vous partagerez notre gloire aussi..... Ecoutez....
J'vous fais mon aide-de-camp...

HENRI.

Très-volontiers.

BATAILLE.

Voilà notre troupe augmentée... Alignement, soldats....
Ecoutez bien ce que je vais vous dire... c'est une petite ha-
rangue... Soldats !.... c'est très-nécessaire, voyez-vous......
soldats! Il faut tâcher d'être vainqueurs... parce que... pour
que... si nous remportons la victoire, nous... serons triom-
phans, et en avant, marche.

AIR : *Alerte !*

En route,
En route,
Que rien ne nous coûte ;
Aujourd'hui,
En route,
Servons Henri.

SCENE XIV.

LUCAS, LUCETTE, VILLAGEOISES, *chacune une pique
à la main.*

(*Elles entrent de l'autre côté.*)

LUCAS.
(*Suite de l'air.*)

Si l'enn'mi par ici s'avance,
Il faut fair' bonn' contenance ;

Soyez prudentes, il croira
Que c'sont des hommes qui sont là.
Mesdames, pour cela,
Silence !
Silence !
Mesdames, n'ayez point d'effroi ;
Silenc !
Silence !
Et suivez-moi.

Halte... Front... Alignement... Diable, il n'y a pas trop d'alignement... c'est égal... Ah! ça, Mesdames, vous voici seules avec moi dans ce village; vos frères, maris, amants, son' allés e battre... vous restez pour défendre vos pénates... Je suis votre capitaine...... je vous recommande beaucoup d'obéissance et une discipline... parce que la discipline est.... Ah! ça, vous n'aurez pas peur?

LUCETTE.

Peur! pour servir Henri... Pour un Roi si bon !)

UNE PAYSANNE.

Si brave !

UNE AUTRE.

Si généreux !

UNE AUTRE.

Si galant ! nous irons nous battre toutes pour lui.

LUCETTE.

Nous l'aimons tant !...

LUCAS.

Allons, je vois que vous n'manquerez pas de courage... On aime à commander à des soldats qui..... ont.... parce que je vais poster les sentinelles... Vous, Mamzelle Lucette, ici, à c'te place où j'étais ce matin... c'est un bon poste; bien... j'vas d'abord vous dire le mot d'ordre....

LUCETTE.

Le mot d'ordre...Qu'est-ce que c'est que le mot d'ordre?...

TOUTES LES PETITES FILLES, *riant.*

Ah ! ah! elle ne sait pas ce que c'est que le mot d'ordre....

LUCAS.

Eh bien! qu'est-ce que c'est, vous qui riez?...

UNE PAYSANNE.

Parbleu, le mot d'ordre... c'est le mot d'ordre, quoi!

LUCAS.

Vous n'y êtes pas du tout; le mot d'ordre, c'est... Eh! d'ailleurs tout le monde sait ça.... c'est quelque chose qu'on vous dit à l'oreille... c'est *Henri IV et la France*; voilà le mot d'ordre... La consigne maintenant... Il faut crier *Qui vive?* par trois fois; si, au bout des trois fois, on ne répond pas, c'est de s'avancer et de tuer son homme... ensuite, quand il passe quelqu'un, c'est de lui dire : passez de l'autre côté... à quinze pas de la sentinelle.... et puis on ne parle pas sous les armes. Voilà ce qui est bien entendu, n'est-ce pas, Mams'elle Lucette?

LUCETTE.

Oui, M. Lucas.

LUCAS.

C'est bien; restez là, et vous autres.... En avant, marche.

(*Il sort.*)

SCENE XVI.

LUCETTE, *en faction.*

Eh ben! i m'laissent seule.... Je ne suis pas trop rassurée, moi.... A propos de ça, qu'est-ce qu'i m'a donc dit tout à l'heure.... Ah! de m'avancer par trois fois..... quand j'aurai crié..... si on ne répond pas.....Eh! non, c'n'est pas ça. Ah! j'y suis, si quelqu'un s'approche de moi...... de lui crier *qui vive?* par trois fois, et au bout d'ça, de le tuer avec ma lance. Oui, v'là qu'est convenu, je le tuerai.

AIR *de Gaspard l'avisé.*

Mais si pourtant quelqu'un se montre,
Si c'quelqu'un vient à ma rencontre,
Qu'il soit muet ou sourd comme un pot,
Oh! oh!
Oh! oh!
Il faudra donc que je l'couche là ;
Ah! ah!
Ah! ah!
Mon Dieu (*bis.*), que ça m'coût'ra.

Déjà j'crois en voir un comm'ça ;   (*4 fois.*)
    Oui, le v'là ;
    Qui va là ?   (*ter.*)
Il n'y a personne.

       (*Même air.*)

Qu'un autre ensuite avec malice,
A la sourdin' vers moi se glisse ,
Sans que j'l'y puisse adresser l'mot,
    Oh ! oh !
    Oh! oh !
P't'êtr' ben qu'il me désarmera ;
    Ah ! ah !
    Ah ! ah !
Mon Dieu (*bis.*), qui sait c'qui me f'ra ;
Déjà j'crois en voir un comm' ça.   (*4 fois.*)
    Oui le v'là ;
    Qui va là ?   (*ter.*)

SCENE XVII.

LUCETTE, SULLY, SAINT-LÉON, *Officiers [de Henri IV.*

SAINT-LÉON.

C'est ici.

SULLY.

Vive Dieu ! il faut que le roi se doute bien peu de la force de notre amour pour s'exposer ainsi....

LUCETTE.

Ah ! c'te fois-ci.... je ne me trompe pas.... La peur 'me coupe la parole.... Essayons. *Qui.... vive ?* par trois fois. Si on ne répond pas, je m'avance, et'je vous tue avec ma lance.

SULLY.

Quelle voix !

LUCETTE.

Ayez la bonté, s'il vous plaît, de me dire le mot d'ordre *Henri IV et la France ?*

SULLY.

Quel est ce soldat de nouvelle espèce ?.... Dites-moi, ma petite ?

LUCETTE.

Passez de l'autre côté ?

SULLY.

Permettez que...

SULLY.

A quinze pas de la sentinelle.

LUCETTE.

Répondez-moi.

LUCETTE.

On ne parle pas sous les armes.

SULLY.

Elle m'amuse, en vérité... Mais le roi m'inquiète. Entrons chez Gabrielle, et sachons ce qu'il est devenu.

    (*Il entre chez Gabrielle, avec Saint Léon et les offi-ciers.*)

SCENE XVIII.

LUCETTE, LUCAS.

LUCETTE.

Ouf! je m'en suis joliment tirée pour une première af-faire.

LUCAS.

Voyons un peu si ma sentinelle a bien retenu sa leçon.....• Hum! hum!

LUCETTE.

Qui vive? par trois fois.

LUCAS.

Ami.

LUCETTE.

Dites-moi le mot d'ordre, s'il vous plaît?

LUCAS.

Henri IV et la France.

LUCETTE.

Tiens, c'est vous Lucas.

LUCAS.

Eh! oui, c'est votre capitaine. Oh! qu'elle est gentille.....

Parbleu, faut que je lui parle de mon amour... C'est bien là
le moment.... Mamselle Lucette.

LUCETTE.

Passez de l'autre côté.

LUCAS.

Hein! Ah! c'est un caprice.... (*Il passe de l'autre côté.*)
Maintenant.

LUCETTE.

Passez de l'autre côté.

LUCAS.

Comment encore... Il faut faire tout ce que vous voulez...;
J'espère qu'à présent je suis près de vous, et...

LUCETTE.

A quinze pas de la sentinelle.

LUCAS.

Eh ben! qu'est-ce que vous dites donc?

LUCETTE.

La consigne que vous m'avez donnée.

LUCAS.

Oh! oui, mais avec moi il n'y en a pas besoin.... Puis-je
enfin espérer que mon amour vous touchera? Répondez-
moi.

LUCETTE.

On ne parle pas sous les armes.

LUCAS.

Ah! c'est trop fort, et pour vous punir, je vais vous embrasser.

LUCETTE.

M'embrasser! Oh! nenni.

(*Il la poursuit et l'embrasse; on entend crier : Victoire! victoire!*)

LUCAS.

Oh! mon Dieu, qu'est-ce que j'entends?... C'est M. Bataille qui revient déjà... Oh là! hé! vous autres. (*Les pay-
sannes accourent*).

SCENE XIX.

LES MEMES , HENRI , BATAILLE , BASTIEN,
Paysans , *ils portent chacun un drapeau.*

CHOEUR.

Nous avons remporté la victoire ,
Ah ! pour nous , mes amis , quelle gloire,
Des ligueurs
Nous revenons vainqueurs.

LUCAS.

Est-il possible ! vous voilà déjà.... Vous n'êtes mort personne.... C'est fort heureux....

BATAILLE.

Oui , mes enfans , nous nous présentons devant le fort ;
nous crions tous : *vive le Roi !* Ce cri intimide l'ennemi qui
fuit , en nous laissant les étendards.

TOUS.

Est-il possible !

BATAILLE.

Ah ! ce n'est pas la première fois que le cri de vive le Roi
produit cet effet. De tous temps il a opéré des prodiges.

HENRI.

Convenez aussi que votre bonne contenance aurait suffi
elle seule pour intimider l'ennemi.

BATAILLE.

Il est de fait que notre petite armée manœuvrait assez bien...
c'est dommage qu'on ne se soit pas battu , hein.... comme
je m'en serais donné... Enfin c'est à remettre.... Occupons-
nous d'aller au camp.... pour remettre ces drapeaux à
Henri IV.

HENRI.

Je me charge de vous y conduire.

BATAILLE.

Ah ! c'est bien ça ; mais comment reconnaîtrai-je le Roi,
je ne l'ai jamais vu.

HENRI.

C'est bien facile, vous n'aurez qu'à remarquer celui qui
aura son chapeau sur sa tête...

BATAILLE.

Ça suffit... Ah ! ça, voyons, qu'est ce que je lui dirai....
Oh ! mon Dieu, il me semble.... q ie j'suis déjà.... j'n'ose
plus parler... J'ôterai mon chapeau, je lui donnerai les drapeaux... et puis je lui dirai :

AIR :

Bataill' à la têt' d'son village,
S'est emparé de ces drapeaux,
Il vient pour vous en faire hommage,
Ces bouquets-là sont assez beaux ;
Pour vous notre amour est extrême,
Pour vous servir j'somm' prêts à tout braver,
Car c'n'est pas l'tout de dir' Sir' je vous aime,
Il faut encore le prouver.

HENRI, *avec émotion.*

Même Air.

J'accepte avec reconnaissance
Ces preuves de votre valeur,
Ah ! pour prix de votre vaillance,
Que je vous presse sur mon cœur ;
Ces vieux soldats dont'le courage extrême,
Dans les combats sait tout braver,
N'ont jamais dit : ah,! Sire, je vous aime,
Sans être prêts à le prouver.

BATAILLE, *ému.*

Vous croyez qu'il me répondra cela...

HENRI.

Oui, bon Bataille.

BATAILLE.

Je suis tout je ne sais comment....

SCENE XV ET DERNIÈRE.

LES MEMES, SULLY, SAINT-LEON, GABRIELLE,
OFFICIERS.

SULLY.

Vive Dieu, vous voilà, Sire !

TOUT LE MONDE.

Le Roi ?... Vive le Roi !...

BATAILLE.

Eh bien ! vive le Roi !... Qu'est-ce que vous dites donc, vive le Roi.... Eh ben ! où est-il, le Roi ?

HENRI.

Monsieur Bataille, c'est celui qui a son chapeau sur sa tête.

BATAILLE.

Ah ! faut que ce soit vous ou moi... car il n'y a..., ah ! jarni c'est vous... vive le Roi !

SULLY.

Sire , que de reproches j'ai à vous faire de la part de votre armée.

HENRI.

Allons , ne te fâches pas, mon cher Sully, je t'ai promis de me corriger... mais il faut le temps.

SULLY.

Sortir de votre camp... venir seul dans un village... exposer vos jours...

HENRI.

Exposer mes jours... Ah ! que tu connais peu ces bons villageois.... Mes amis, votre action ne restera pas sans ré—compense.

TOUS.

Ah ! Sire...

HENRI.

Air *du Verre.*

Votre Roi sait , braves guerriers,
Apprécier votre courage ,
Et votre gloire et vos lauriers ,
Sont devenus son héritage ;
En les voyant auprès des lis ,
Transporté de joie , il s'écrie :
Ses lauriers-là furent cueillis
Par l'honneur et pour la patrie.

Au revoir , mes amis....

CHŒUR.

Vive Henri quatre ,
Vive ce Roi vaillant ,

Ce diable à quatre
A le triple talent,
De boire et de battre,
Et d'être un verd galant.

Vive le Roi ! Vive le Roi !

BATAILLE.

Oh! jarni, le bon Roi...

AIR *de la Tour.*

De plaisir mon âme est émue,
Sans pein' je lis dans l'avenir,
Qu'on élev'ra plus d'un' statue
A ce prince qu'on doit chérir.
Quel ravissement, quel plaisir doit fair' naître
Cette image chère aux Français ;
Le temps pourra la détruire peut-être,
Mais la faire oublier, jamais.

VAUDEVILLE.

CHŒUR.

AIR *du Vaudeville de Visite à Bedlam.*

Bons rois qui savez d'un mot,
Récompenser le service,
Et rendre à chacun justice,
On ne vous voit jamais trop.

LUCAS.

On vous voit toujours assez,
Arm' à feu, tambour et lance,
A la fin, nous somm's lassés
D'avoir autant de vaillance ;
Mettons du vin dans notre eau,
Mon avis est raisonnable,
Bon vin sur un' bonne table,
On ne vous voit jamais trop.

BATAILLE.

On vous voit toujours assez,
Gens qui courant l'ministère,
Voulez-vous êtr' récompensés
D'un service imaginaire.
Soldats, dont l'aspect si beau
De vingt vieilles cicatrices,
Prouvent les nobles services,
On ne vous voit jamais trop.

GABRIELLE, *au Public.*

On vous voit toujours assez,
Censeur, qui d'humeur austère,
En tous lieux ne paraissez
Que pour vous montrer sévère ;
Mais vous qui par un *bravo*,
Daignez applaudir la pièce ;
Ah ! chez nous, venez sans cesse,
On ne vous voit jamais trop.

CHŒUR.

Mais vous qui par un *bravo*,
Daignez applaudir la pièce ;
Ah ! chez nous, venez sans cesse,
On ne vous voit jamais trop.

FIN.

Imprimerie PORTHMANN, rue Ste.-Anne, n°. 43.